Schreibt uns was

Das Hochzeits-Gästebuch

Hallo liebe Gäste,

dieses Buch soll für uns eine schöne Erinnerung an den schönsten Tag in unserem Leben und dessen gemeinsame Feier mit Euch werden.

Jedem von Euch stehen 2 Seiten zur Verfügung. Schenkt uns Eure Kreativität und habt genauso viel Freude am Ausfüllen wie wir am Lesen.

Vielen Dank für Eure Mithilfe an dieser Erinnerung!

Dieses Buch gehört dem Brautpaar:

Unser Hochzeitstag:

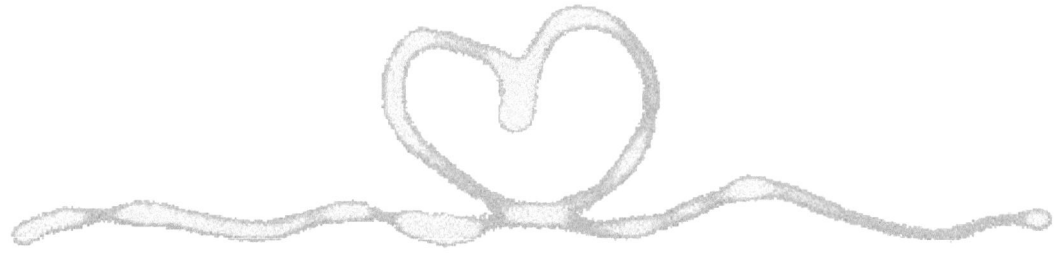

Ein Bild von uns:

Unsere Gäste

Hier werden wir ein Bild von Dir einkleben:

Dein Name:

Wen vom Brautpaar kennst Du, Braut oder Bräutigam?

Woher & wie lange kennst Du uns / denjenigen?

Was ist Dein Lieblingsgetränk und Deine Lieblingsspeise?

Erzähle uns eine Geschichte über unsere oder aus unserer Freundschaft / Familienverhältnis:

Was wünschst Du Dir für Deine Zukunft?

Was könnten wir mal zusammen unternehmen?

Was wünschst Du uns zur Hochzeit?

Hier werden wir ein Bild von Dir einkleben:

Dein Name:

Wen vom Brautpaar kennst Du,

Braut oder Bräutigam?

Woher & wie lange kennst Du uns / denjenigen?

Was ist Dein Lieblingsgetränk und Deine Lieblingsspeise?

Erzähle uns eine Geschichte über unsere oder aus unserer Freundschaft / Familienverhältnis:

Was wünschst Du Dir für Deine Zukunft?

Was könnten wir mal zusammen unternehmen?

Was wünschst Du uns zur Hochzeit?

Hier werden wir ein Bild von Dir einkleben:

Dein Name:

Wen vom Brautpaar kennst Du,

Braut oder Bräutigam?

Woher & wie lange kennst Du uns / denjenigen?

Was ist Dein Lieblingsgetränk und Deine Lieblingsspeise?

Erzähle uns eine Geschichte über unsere oder aus unserer Freundschaft / Familienverhältnis:

Was wünschst Du Dir für Deine Zukunft?

Was könnten wir mal zusammen unternehmen?

Was wünschst Du uns zur Hochzeit?

Hier werden wir ein Bild von Dir einkleben:

Dein Name:

Wen vom Brautpaar kennst Du, Braut oder Bräutigam?

Woher & wie lange kennst Du uns / denjenigen?

Was ist Dein Lieblingsgetränk und Deine Lieblingsspeise?

Erzähle uns eine Geschichte über unsere oder aus unserer Freundschaft / Familienverhältnis:

Was wünschst Du Dir für Deine Zukunft?

Was könnten wir mal zusammen unternehmen?

Was wünschst Du uns zur Hochzeit?

Hier werden wir ein Bild von Dir einkleben:

Dein Name:

Wen vom Brautpaar kennst Du,

Braut oder Bräutigam?

Woher & wie lange kennst Du uns / denjenigen?

Was ist Dein Lieblingsgetränk und Deine Lieblingsspeise?

Erzähle uns eine Geschichte über unsere oder aus unserer Freundschaft / Familienverhältnis:

Was wünschst Du Dir für Deine Zukunft?

Was könnten wir mal zusammen unternehmen?

Was wünschst Du uns zur Hochzeit?

Hier werden wir ein Bild von Dir einkleben:

Dein Name:

Wen vom Brautpaar kennst Du, Braut oder Bräutigam?

Woher & wie lange kennst Du uns / denjenigen?

Was ist Dein Lieblingsgetränk und Deine Lieblingsspeise?

Erzähle uns eine Geschichte über unsere oder aus unserer Freundschaft / Familienverhältnis:

Was wünschst Du Dir für Deine Zukunft?

Was könnten wir mal zusammen unternehmen?

Was wünschst Du uns zur Hochzeit?

Hier werden wir ein Bild von Dir einkleben:

Dein Name:

Wen vom Brautpaar kennst Du, Braut oder Bräutigam?

Woher & wie lange kennst Du uns / denjenigen?

Was ist Dein Lieblingsgetränk und Deine Lieblingsspeise?

Erzähle uns eine Geschichte über unsere oder aus unserer Freundschaft / Familienverhältnis:

Was wünschst Du Dir für Deine Zukunft?

Was könnten wir mal zusammen unternehmen?

Was wünschst Du uns zur Hochzeit?

Hier werden wir ein Bild von Dir einkleben:

Dein Name:

Wen vom Brautpaar kennst Du, Braut oder Bräutigam?

Woher & wie lange kennst Du uns / denjenigen?

Was ist Dein Lieblingsgetränk und Deine Lieblingsspeise?

Erzähle uns eine Geschichte über unsere oder aus unserer Freundschaft / Familienverhältnis:

Was wünschst Du Dir für Deine Zukunft?

Was könnten wir mal zusammen unternehmen?

Was wünschst Du uns zur Hochzeit?

Hier werden wir ein Bild von Dir einkleben:

Dein Name:

Wen vom Brautpaar kennst Du, Braut oder Bräutigam?

Woher & wie lange kennst Du uns / denjenigen?

Was ist Dein Lieblingsgetränk und Deine Lieblingsspeise?

Erzähle uns eine Geschichte über unsere oder aus unserer Freundschaft / Familienverhältnis:

Was wünschst Du Dir für Deine Zukunft?

Was könnten wir mal zusammen unternehmen?

Was wünschst Du uns zur Hochzeit?

Hier werden wir ein Bild von Dir einkleben:

Dein Name:

Wen vom Brautpaar kennst Du, Braut oder Bräutigam?

Woher & wie lange kennst Du uns / denjenigen?

Was ist Dein Lieblingsgetränk und Deine Lieblingsspeise?

Erzähle uns eine Geschichte über unsere oder aus unserer Freundschaft / Familienverhältnis:

Was wünschst Du Dir für Deine Zukunft?

Was könnten wir mal zusammen unternehmen?

Was wünschst Du uns zur Hochzeit?

Hier werden wir ein Bild von Dir einkleben:

Dein Name:

Wen vom Brautpaar kennst Du, Braut oder Bräutigam?

Woher & wie lange kennst Du uns / denjenigen?

Was ist Dein Lieblingsgetränk und Deine Lieblingsspeise?

Erzähle uns eine Geschichte über unsere oder aus unserer Freundschaft / Familienverhältnis:

Was wünschst Du Dir für Deine Zukunft?

Was könnten wir mal zusammen unternehmen?

Was wünschst Du uns zur Hochzeit?

Hier werden wir ein Bild von Dir einkleben:

Dein Name:

Wen vom Brautpaar kennst Du,

Braut oder Bräutigam?

Woher & wie lange kennst Du uns / denjenigen?

Was ist Dein Lieblingsgetränk und Deine Lieblingsspeise?

Erzähle uns eine Geschichte über unsere oder aus unserer Freundschaft / Familienverhältnis:

Was wünschst Du Dir für Deine Zukunft?

Was könnten wir mal zusammen unternehmen?

Was wünschst Du uns zur Hochzeit?

Hier werden wir ein Bild von Dir einkleben:

Dein Name:

Wen vom Brautpaar kennst Du, Braut oder Bräutigam?

Woher & wie lange kennst Du uns / denjenigen?

Was ist Dein Lieblingsgetränk und Deine Lieblingsspeise?

Erzähle uns eine Geschichte über unsere oder aus unserer Freundschaft / Familienverhältnis:

Was wünschst Du Dir für Deine Zukunft?

Was könnten wir mal zusammen unternehmen?

Was wünschst Du uns zur Hochzeit?

Hier werden wir ein Bild von Dir einkleben:

Dein Name:

Wen vom Brautpaar kennst Du, Braut oder Bräutigam?

Woher & wie lange kennst Du uns / denjenigen?

Was ist Dein Lieblingsgetränk und Deine Lieblingsspeise?

Erzähle uns eine Geschichte über unsere oder aus unserer Freundschaft / Familienverhältnis:

Was wünschst Du Dir für Deine Zukunft?

Was könnten wir mal zusammen unternehmen?

Was wünschst Du uns zur Hochzeit?

Hier werden wir ein Bild von Dir einkleben:

Dein Name:

Wen vom Brautpaar kennst Du, Braut oder Bräutigam?

Woher & wie lange kennst Du uns / denjenigen?

Was ist Dein Lieblingsgetränk und Deine Lieblingsspeise?

Erzähle uns eine Geschichte über unsere oder aus unserer Freundschaft / Familienverhältnis:

Was wünschst Du Dir für Deine Zukunft?

Was könnten wir mal zusammen unternehmen?

Was wünschst Du uns zur Hochzeit?

Hier werden wir ein Bild von Dir einkleben:

Dein Name:

Wen vom Brautpaar kennst Du, Braut oder Bräutigam?

Woher & wie lange kennst Du uns / denjenigen?

Was ist Dein Lieblingsgetränk und Deine Lieblingsspeise?

Erzähle uns eine Geschichte über unsere oder aus unserer Freundschaft / Familienverhältnis:

Was wünschst Du Dir für Deine Zukunft?

Was könnten wir mal zusammen unternehmen?

Was wünschst Du uns zur Hochzeit?

Hier werden wir ein Bild von Dir einkleben:

Dein Name:

Wen vom Brautpaar kennst Du,

Braut oder Bräutigam?

Woher & wie lange kennst Du uns / denjenigen?

Was ist Dein Lieblingsgetränk und Deine Lieblingsspeise?

Erzähle uns eine Geschichte über unsere oder aus unserer Freundschaft / Familienverhältnis:

Was wünschst Du Dir für Deine Zukunft?

Was könnten wir mal zusammen unternehmen?

Was wünschst Du uns zur Hochzeit?

Hier werden wir ein Bild von Dir einkleben:

Dein Name:

Wen vom Brautpaar kennst Du, Braut oder Bräutigam?

Woher & wie lange kennst Du uns / denjenigen?

Was ist Dein Lieblingsgetränk und Deine Lieblingsspeise?

Erzähle uns eine Geschichte über unsere oder aus unserer Freundschaft / Familienverhältnis:

Was wünschst Du Dir für Deine Zukunft?

Was könnten wir mal zusammen unternehmen?

Was wünschst Du uns zur Hochzeit?

Hier werden wir ein Bild von Dir einkleben:

Dein Name:

Wen vom Brautpaar kennst Du, Braut oder Bräutigam?

Woher & wie lange kennst Du uns / denjenigen?

Was ist Dein Lieblingsgetränk und Deine Lieblingsspeise?

Erzähle uns eine Geschichte über unsere oder aus unserer Freundschaft / Familienverhältnis:

Was wünschst Du Dir für Deine Zukunft?

Was könnten wir mal zusammen unternehmen?

Was wünschst Du uns zur Hochzeit?

Hier werden wir ein Bild von Dir einkleben:

Dein Name:

Wen vom Brautpaar kennst Du, Braut oder Bräutigam?

Woher & wie lange kennst Du uns / denjenigen?

Was ist Dein Lieblingsgetränk und Deine Lieblingsspeise?

Erzähle uns eine Geschichte über unsere oder aus unserer Freundschaft / Familienverhältnis:

Was wünschst Du Dir für Deine Zukunft?

Was könnten wir mal zusammen unternehmen?

Was wünschst Du uns zur Hochzeit?

Hier werden wir ein Bild von Dir einkleben:

Dein Name:

Wen vom Brautpaar kennst Du, Braut oder Bräutigam?

Woher & wie lange kennst Du uns / denjenigen?

Was ist Dein Lieblingsgetränk und Deine Lieblingsspeise?

Erzähle uns eine Geschichte über unsere oder aus unserer Freundschaft / Familienverhältnis:

Was wünschst Du Dir für Deine Zukunft?

Was könnten wir mal zusammen unternehmen?

Was wünschst Du uns zur Hochzeit?

Hier werden wir ein Bild von Dir einkleben:

Dein Name:

Wen vom Brautpaar kennst Du, Braut oder Bräutigam?

Woher & wie lange kennst Du uns / denjenigen?

Was ist Dein Lieblingsgetränk und Deine Lieblingsspeise?

Erzähle uns eine Geschichte über unsere oder aus unserer Freundschaft / Familienverhältnis:

Was wünschst Du Dir für Deine Zukunft?

Was könnten wir mal zusammen unternehmen?

Was wünschst Du uns zur Hochzeit?

Hier werden wir ein Bild von Dir einkleben:

Dein Name:

Wen vom Brautpaar kennst Du, Braut oder Bräutigam?

Woher & wie lange kennst Du uns / denjenigen?

Was ist Dein Lieblingsgetränk und Deine Lieblingsspeise?

Erzähle uns eine Geschichte über unsere oder aus unserer Freundschaft / Familienverhältnis:

Was wünschst Du Dir für Deine Zukunft?

Was könnten wir mal zusammen unternehmen?

Was wünschst Du uns zur Hochzeit?

Hier werden wir ein Bild von Dir einkleben:

Dein Name:

Wen vom Brautpaar kennst Du, Braut oder Bräutigam?

Woher & wie lange kennst Du uns / denjenigen?

Was ist Dein Lieblingsgetränk und Deine Lieblingsspeise?

Erzähle uns eine Geschichte über unsere oder aus unserer Freundschaft / Familienverhältnis:

Was wünschst Du Dir für Deine Zukunft?

Was könnten wir mal zusammen unternehmen?

Was wünschst Du uns zur Hochzeit?

Hier werden wir ein Bild von Dir einkleben:

Dein Name:

Wen vom Brautpaar kennst Du, Braut oder Bräutigam?

Woher & wie lange kennst Du uns / denjenigen?

Was ist Dein Lieblingsgetränk und Deine Lieblingsspeise?

Erzähle uns eine Geschichte über unsere oder aus unserer Freundschaft / Familienverhältnis:

Was wünschst Du Dir für Deine Zukunft?

Was könnten wir mal zusammen unternehmen?

Was wünschst Du uns zur Hochzeit?

Hier werden wir ein Bild von Dir einkleben:

Dein Name:

Wen vom Brautpaar kennst Du, Braut oder Bräutigam?

Woher & wie lange kennst Du uns / denjenigen?

Was ist Dein Lieblingsgetränk und Deine Lieblingsspeise?

Erzähle uns eine Geschichte über unsere oder aus unserer Freundschaft / Familienverhältnis:

Was wünschst Du Dir für Deine Zukunft?

Was könnten wir mal zusammen unternehmen?

Was wünschst Du uns zur Hochzeit?

Hier werden wir ein Bild von Dir einkleben:

Dein Name:

Wen vom Brautpaar kennst Du, Braut oder Bräutigam?

Woher & wie lange kennst Du uns / denjenigen?

Was ist Dein Lieblingsgetränk und Deine Lieblingsspeise?

Erzähle uns eine Geschichte über unsere oder aus unserer Freundschaft / Familienverhältnis:

Was wünschst Du Dir für Deine Zukunft?

Was könnten wir mal zusammen unternehmen?

Was wünschst Du uns zur Hochzeit?

Hier werden wir ein Bild von Dir einkleben:

Dein Name:

Wen vom Brautpaar kennst Du, Braut oder Bräutigam?

Woher & wie lange kennst Du uns / denjenigen?

Was ist Dein Lieblingsgetränk und Deine Lieblingsspeise?

Erzähle uns eine Geschichte über unsere oder aus unserer Freundschaft / Familienverhältnis:

Was wünschst Du Dir für Deine Zukunft?

Was könnten wir mal zusammen unternehmen?

Was wünschst Du uns zur Hochzeit?

Hier werden wir ein Bild von Dir einkleben:

Dein Name:

Wen vom Brautpaar kennst Du,

Braut oder Bräutigam?

Woher & wie lange kennst Du uns / denjenigen?

Was ist Dein Lieblingsgetränk und Deine Lieblingsspeise?

Erzähle uns eine Geschichte über unsere oder aus unserer Freundschaft / Familienverhältnis:

Was wünschst Du Dir für Deine Zukunft?

Was könnten wir mal zusammen unternehmen?

Was wünschst Du uns zur Hochzeit?

Hier werden wir ein Bild von Dir einkleben:

Dein Name:

Wen vom Brautpaar kennst Du, Braut oder Bräutigam?

Woher & wie lange kennst Du uns / denjenigen?

Was ist Dein Lieblingsgetränk und Deine Lieblingsspeise?

Erzähle uns eine Geschichte über unsere oder aus unserer Freundschaft / Familienverhältnis:

Was wünschst Du Dir für Deine Zukunft?

Was könnten wir mal zusammen unternehmen?

Was wünschst Du uns zur Hochzeit?

Hier werden wir ein Bild von Dir einkleben:

Dein Name:

Wen vom Brautpaar kennst Du, Braut oder Bräutigam?

Woher & wie lange kennst Du uns / denjenigen?

Was ist Dein Lieblingsgetränk und Deine Lieblingsspeise?

Erzähle uns eine Geschichte über unsere oder aus unserer Freundschaft / Familienverhältnis:

Was wünschst Du Dir für Deine Zukunft?

Was könnten wir mal zusammen unternehmen?

Was wünschst Du uns zur Hochzeit?

Hier werden wir ein Bild von Dir einkleben:

Dein Name:

Wen vom Brautpaar kennst Du, Braut oder Bräutigam?

Woher & wie lange kennst Du uns / denjenigen?

Was ist Dein Lieblingsgetränk und Deine Lieblingsspeise?

Erzähle uns eine Geschichte über unsere oder aus unserer Freundschaft / Familienverhältnis:

Was wünschst Du Dir für Deine Zukunft?

Was könnten wir mal zusammen unternehmen?

Was wünschst Du uns zur Hochzeit?

Hier werden wir ein Bild von Dir einkleben:

Dein Name:

Wen vom Brautpaar kennst Du, Braut oder Bräutigam?

Woher & wie lange kennst Du uns / denjenigen?

Was ist Dein Lieblingsgetränk und Deine Lieblingsspeise?

Erzähle uns eine Geschichte über unsere oder aus unserer Freundschaft / Familienverhältnis:

Was wünschst Du Dir für Deine Zukunft?

Was könnten wir mal zusammen unternehmen?

Was wünschst Du uns zur Hochzeit?

Hier werden wir ein Bild von Dir einkleben:

Dein Name:

Wen vom Brautpaar kennst Du,

Braut oder Bräutigam?

Woher & wie lange kennst Du uns / denjenigen?

Was ist Dein Lieblingsgetränk und Deine Lieblingsspeise?

Erzähle uns eine Geschichte über unsere oder aus unserer Freundschaft / Familienverhältnis:

Was wünschst Du Dir für Deine Zukunft?

Was könnten wir mal zusammen unternehmen?

Was wünschst Du uns zur Hochzeit?

Hier werden wir ein Bild von Dir einkleben:

Dein Name:

Wen vom Brautpaar kennst Du,

Braut oder Bräutigam?

Woher & wie lange kennst Du uns / denjenigen?

Was ist Dein Lieblingsgetränk und Deine Lieblingsspeise?

Erzähle uns eine Geschichte über unsere oder aus unserer Freundschaft / Familienverhältnis:

Was wünschst Du Dir für Deine Zukunft?

Was könnten wir mal zusammen unternehmen?

Was wünschst Du uns zur Hochzeit?

Hier werden wir ein Bild von Dir einkleben:

Dein Name:

Wen vom Brautpaar kennst Du,

Braut oder Bräutigam?

Woher & wie lange kennst Du uns / denjenigen?

Was ist Dein Lieblingsgetränk und Deine Lieblingsspeise?

Erzähle uns eine Geschichte über unsere oder aus unserer Freundschaft / Familienverhältnis:

Was wünschst Du Dir für Deine Zukunft?

Was könnten wir mal zusammen unternehmen?

Was wünschst Du uns zur Hochzeit?

Hier werden wir ein Bild von Dir einkleben:

Dein Name:

Wen vom Brautpaar kennst Du, Braut oder Bräutigam?

Woher & wie lange kennst Du uns / denjenigen?

Was ist Dein Lieblingsgetränk und Deine Lieblingsspeise?

Erzähle uns eine Geschichte über unsere oder aus unserer Freundschaft / Familienverhältnis:

Was wünschst Du Dir für Deine Zukunft?

Was könnten wir mal zusammen unternehmen?

Was wünschst Du uns zur Hochzeit?

Hier werden wir ein Bild von Dir einkleben:

Dein Name:

Wen vom Brautpaar kennst Du, Braut oder Bräutigam?

Woher & wie lange kennst Du uns / denjenigen?

Was ist Dein Lieblingsgetränk und Deine Lieblingsspeise?

Erzähle uns eine Geschichte über unsere oder aus unserer Freundschaft / Familienverhältnis:

Was wünschst Du Dir für Deine Zukunft?

Was könnten wir mal zusammen unternehmen?

Was wünschst Du uns zur Hochzeit?

Hier werden wir ein Bild von Dir einkleben:

Dein Name:

Wen vom Brautpaar kennst Du, Braut oder Bräutigam?

Woher & wie lange kennst Du uns / denjenigen?

Was ist Dein Lieblingsgetränk und Deine Lieblingsspeise?

Erzähle uns eine Geschichte über unsere oder aus unserer Freundschaft / Familienverhältnis:

Was wünschst Du Dir für Deine Zukunft?

Was könnten wir mal zusammen unternehmen?

Was wünschst Du uns zur Hochzeit?

Hier werden wir ein Bild von Dir einkleben:

Dein Name:

Wen vom Brautpaar kennst Du, Braut oder Bräutigam?

Woher & wie lange kennst Du uns / denjenigen?

Was ist Dein Lieblingsgetränk und Deine Lieblingsspeise?

Erzähle uns eine Geschichte über unsere oder aus unserer Freundschaft / Familienverhältnis:

Was wünschst Du Dir für Deine Zukunft?

Was könnten wir mal zusammen unternehmen?

Was wünschst Du uns zur Hochzeit?

Hier werden wir ein Bild von Dir einkleben:

Dein Name:

Wen vom Brautpaar kennst Du,

Braut oder Bräutigam?

Woher & wie lange kennst Du uns / denjenigen?

Was ist Dein Lieblingsgetränk und Deine Lieblingsspeise?

Erzähle uns eine Geschichte über unsere oder aus unserer Freundschaft / Familienverhältnis:

Was wünschst Du Dir für Deine Zukunft?

Was könnten wir mal zusammen unternehmen?

Was wünschst Du uns zur Hochzeit?

Hier werden wir ein Bild von Dir einkleben:

Dein Name:

Wen vom Brautpaar kennst Du, Braut oder Bräutigam?

Woher & wie lange kennst Du uns / denjenigen?

Was ist Dein Lieblingsgetränk und Deine Lieblingsspeise?

Erzähle uns eine Geschichte über unsere oder aus unserer Freundschaft / Familienverhältnis:

Was wünschst Du Dir für Deine Zukunft?

Was könnten wir mal zusammen unternehmen?

Was wünschst Du uns zur Hochzeit?

Hier werden wir ein Bild von Dir einkleben:

Dein Name:

Wen vom Brautpaar kennst Du, Braut oder Bräutigam?

Woher & wie lange kennst Du uns / denjenigen?

Was ist Dein Lieblingsgetränk und Deine Lieblingsspeise?

Erzähle uns eine Geschichte über unsere oder aus unserer Freundschaft / Familienverhältnis:

Was wünschst Du Dir für Deine Zukunft?

Was könnten wir mal zusammen unternehmen?

Was wünschst Du uns zur Hochzeit?

Hier werden wir ein Bild von Dir einkleben:

Dein Name:

Wen vom Brautpaar kennst Du, Braut oder Bräutigam?

Woher & wie lange kennst Du uns / denjenigen?

Was ist Dein Lieblingsgetränk und Deine Lieblingsspeise?

Erzähle uns eine Geschichte über unsere oder aus unserer Freundschaft / Familienverhältnis:

Was wünschst Du Dir für Deine Zukunft?

Was könnten wir mal zusammen unternehmen?

Was wünschst Du uns zur Hochzeit?

Hier werden wir ein Bild von Dir einkleben:

Dein Name:

Wen vom Brautpaar kennst Du, Braut oder Bräutigam?

Woher & wie lange kennst Du uns / denjenigen?

Was ist Dein Lieblingsgetränk und Deine Lieblingsspeise?

Erzähle uns eine Geschichte über unsere oder aus unserer Freundschaft / Familienverhältnis:

Was wünschst Du Dir für Deine Zukunft?

Was könnten wir mal zusammen unternehmen?

Was wünschst Du uns zur Hochzeit?

Hier werden wir ein Bild von Dir einkleben:

Dein Name:

Wen vom Brautpaar kennst Du, Braut oder Bräutigam?

Woher & wie lange kennst Du uns / denjenigen?

Was ist Dein Lieblingsgetränk und Deine Lieblingsspeise?

Erzähle uns eine Geschichte über unsere oder aus unserer Freundschaft / Familienverhältnis:

Was wünschst Du Dir für Deine Zukunft?

Was könnten wir mal zusammen unternehmen?

Was wünschst Du uns zur Hochzeit?

Hier werden wir ein Bild von Dir einkleben:

Dein Name:

Wen vom Brautpaar kennst Du, Braut oder Bräutigam?

Woher & wie lange kennst Du uns / denjenigen?

Was ist Dein Lieblingsgetränk und Deine Lieblingsspeise?

Erzähle uns eine Geschichte über unsere oder aus unserer Freundschaft / Familienverhältnis:

Was wünschst Du Dir für Deine Zukunft?

Was könnten wir mal zusammen unternehmen?

Was wünschst Du uns zur Hochzeit?

Hier werden wir ein Bild von Dir einkleben:

Dein Name:

Wen vom Brautpaar kennst Du, Braut oder Bräutigam?

Woher & wie lange kennst Du uns / denjenigen?

Was ist Dein Lieblingsgetränk und Deine Lieblingsspeise?

Erzähle uns eine Geschichte über unsere oder aus unserer Freundschaft / Familienverhältnis:

Was wünschst Du Dir für Deine Zukunft?

Was könnten wir mal zusammen unternehmen?

Was wünschst Du uns zur Hochzeit?

Hier werden wir ein Bild von Dir einkleben:

Dein Name:

Wen vom Brautpaar kennst Du, Braut oder Bräutigam?

Woher & wie lange kennst Du uns / denjenigen?

Was ist Dein Lieblingsgetränk und Deine Lieblingsspeise?

Erzähle uns eine Geschichte über unsere oder aus unserer Freundschaft / Familienverhältnis:

Was wünschst Du Dir für Deine Zukunft?

Was könnten wir mal zusammen unternehmen?

Was wünschst Du uns zur Hochzeit?

Hier werden wir ein Bild von Dir einkleben:

Dein Name:

Wen vom Brautpaar kennst Du,

Braut oder Bräutigam?

Woher & wie lange kennst Du uns / denjenigen?

Was ist Dein Lieblingsgetränk und Deine Lieblingsspeise?

Erzähle uns eine Geschichte über unsere oder aus unserer Freundschaft / Familienverhältnis:

Was wünschst Du Dir für Deine Zukunft?

Was könnten wir mal zusammen unternehmen?

Was wünschst Du uns zur Hochzeit?

Herstellung und Verlag:
BoD - Books on Demand, Norderstedt
ISBN 978-3-7412-5267-9